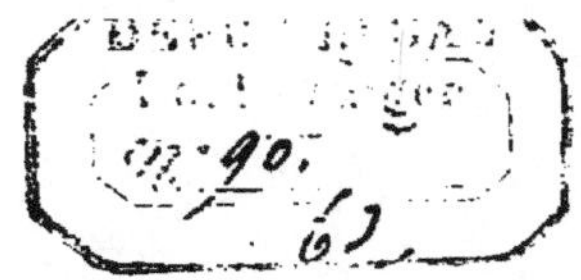

UNE JOURNÉE

DANS LE

ROYAUME D'ARABIE

L'an de Disgrace mil huit cent et tant

SCÈNES IMPOPULAIRES

PAR

Ivan VOLINOV

ALGER

IMPRIMERIE A. MOLOT ET Cie, RUE DE L'ÉTAT-MAJOR, 5.

1863

UNE JOURNÉE

DANS

LE ROYAUME D'ARABIE

UNE JOURNÉE

DANS LE

ROYAUME D'ARABIE

L'an de Disgrace mil huit cent et tant

SCÈNES IMPOPULAIRES

PAR

Ivan VOLINOV

ALGER

IMPRIMERIE A. MOLOT ET Cie, RUE DE L'ÉTAT-MAJOR, 5.

1863

PERSONNAGES :

LE CAPITAINE, maire et juge-de-paix de la capitainerie de Vatenvite.

LE COMMANDANT RENARDO, chef du cercle de Grapilleville.

LE SERGENT TRINKMANN, secrétaire de la capitainerie et de la mairie, et greffier de la justice-de-paix.

LE SERGENT CULOTÉ, instituteur militaire

LE CAPORAL CONSIGNAC, chaouch.

Mme LÉTONNÉE, colone.

Mme COTIGNAC, colone.

Un Colon.

JEAN PETIT, colon.

CHICANEAU, avocat.

Un Planton.

La scène se passe dans la salle de service de la place, à Nyvapas, capitainerie de Nyvapas, colonellerie de Vatenvite, généralité de Consignebourg.

UNE JOURNÉE
DANS
LE ROYAUME D'ARABIE

L'an de Disgrace mil huit cent et tant

SCÈNE I.

Le Sergent Trinkmann.

Trinkmann, (à la cantonade) : Quand je vous tis que le gaptaine n'y est bas ! (Revenant), Ces animaux de cifils ! Ils commencent à m'empêter gonsécutivement ! Pourquoi tonc en a-t-on mis ici ? Ils ne sont pons qu'à entrafer le service. Le gaptaine par-ci ! Le gaptaine par-là ! Eh bien ! imbéciles, il fait sa bartie de pézi. Vous ne gombrenez donc pas le vrançais ? C'est moi que j'vous les vlanquerais tous à la salle te bolice ! Le gaptaine d'avant s'y entendait bien mieux. « Sarchant Trinkmann — qui me dit — vous êtes leur supérieur. Le golon doit resbecter les galons. Vlanquez-les moi tous à la salle te bolice, et s'ils raisonnent, leurs femmes et leurs enfants aussi. Mais pas à la brison ; je me la réserfe ». Et le service se faisait.... rupi sur l'oncle ! Mais le nouveau n'y entend rien. Il m'ôte ma salle te police ; et mes supordonnés s'insupordonnent. Plus de silence tans les rangs. — Bah ! le gaptaine est jeune ; il se fera.

SCÈNE II.

Le Capitaine ; Trinkmann.

Le capitaine. — Rien de nouveau ?

Trinkmann. — Non, mon gaptaine. Il y a des golons qui attendent. et voilà la gorrespondance.

Le capitaine. — Voyons. Ah, un ordre du général. (Il lit) « Par un arrêté en date du..., le ministre de la guerre a décidé que les charrues, ancien modèle, en usage dans la généralité de Consignebourg, seront retirées du service successivement et suivant leur degré d'usure, et remplacées par des charrues n° 3 modèle 18..., fournies par la maison Floumann et Cie, adjudicataires. »

Floumann et Cie ? Je connais ça. Ah, voilà ! Grippedouro, ce sous-chef à la division d'*agriculture militaire*, a épousé une demoiselle Floumann. Il va bien, Grippedouro !

(Il continue sa lecture). « Vous devrez donc passer immédiatement l'inspection de toutes les charrues de votre capitainerie, pour réformer et faire rentrer à l'Arsenal d'agriculture militaire toutes celles qui s'écarteront, dans une quelconque de leurs parties et au-delà d'un maximum de tolérance de 3 centimètres 75, du modèle dont le détail suit. »

Ah ça ! Mais il va falloir les réformer toutes. Et avec quoi ces malheureux laboureront-ils, en attendant les charrues n° 5? Ils m'amusent drôlement avec leurs charrues. Chien de métier! Est-ce que je suis entré à l'école pour mesurer des versoirs et des socs de charrue?

SCÈNE III.

Les Mêmes; un Planton.

Le planton. — Mon capitaine, il y a-t-en bas un colon qui demande à vous parler.

Le capitaine. — Faites entrer. (Le planton sort.)

SCÈNE IV.

Les mêmes; un Colon.

Le colon. — Capitaine, j'ai une réclamation à vous adresser.

Le capitaine. — Prenez un siége, monsieur, et parlez.

Le colon. — Capitaine, nous sommes en novembre. En septembre, j'ai reçu ordre de faire ma corvée, en personne et avec mes bœufs, pour les chemins vicinaux; je l'ai faite. En octobre, nouvelle réquisition pour même cause. Cela m'ennuyait un peu, parce que la corvée ne revient guère que tous les ans, et que ce n'était pas mon tour. Cependant, j'ai obéi. Mais voilà-t-il pas que ce mois-ci je reçois encore réquisition pour ces maudits chemins vicinaux. La voici, signée par le sergent Trinkmann, ici présent. Maintenant, capitaine, appréciez, je m'en rapporte.

Le capitaine, à Trinkmann. — Qu'est-ce que cela signifie?

TRINKMANN.— Mon gaptaine, c'est le règlement. Ce golon est gommandé trois fois, parce qu'il y a eu trois règlements.

LE CAPITAINE. — Allons, expliquez-vous, et vivement.

TRINKMANN. — Mon gaptaine, le gaptaine d'avant vous m'a dit : « Trinkmann, tu feras l'état des hommes de corvée. Tu les feras commencer par rang d'ancienneté. » Et en avant, la gauche en tête. Pour lors, celui-ci il était des anciens : il y a passé en septembre.

LE CAPITAINE.— Bien ; mais en octobre ?

TRINKMANN. — Mon gaptaine, le gaptaine d'avant vous, il m'a dit, en octobre : « Trinkmann, tu vas faire un état des hommes de la milice. Tu les rangeras, suivant la taille, dans les grenadiers, les foltigeurs et les fusilliers. » Pour lors, celui-ci, ici présent, était dans les moyens, j'en ai fait un foltigeur.

LE CAPITAINE. — Ce n'est pas ça que je vous demande.

TRINKMANN. — Parton, excuse, mon gaptaine. Lui, il était un foltigeur. Les foltigeurs ouvrent le feu. Pour lors, je l'ai commandé de corvée en octobre.

LE CAPITAINE. — Hum ! C'est ingénieux. Et la corvée de ce mois-ci, pourquoi l'avez-vous commandée ?

TRINKMANN. — Mon gaptaine, en prenant le commandement, voûs m'afez dit : « Sarchant Trinkmann, faites-moi un état nomnatif et par ordre alphapétique des golons et golones de la gaptainerie. » Pour lors, que je me suis dit, mon gaptaine d'à brésent gommande par ordre alphapétique Pour lors, j'ai gommandé par ordre alphapétique. C'est à savoir que le golon ici brésent se nomme Abély. Pour lors, il marchait en premier. Et voilà la chose, mon gaptaine.

Le capitaine au colon. — Vous voyez, c'est un malentendu. Vous ne ferez pas la corvée de novembre, et celle d'octobre vous comptera pour l'avenir comme faite hors de tour. Et de même pour les autres. Vous entendez, Trinkmann ?

Trinkmann. — Oui, mon gaptaine. (A part.) Si je gomprends cet homme là....!

Le colon. — Merci, mon capitaine. (Il sort.)

SCÈNE V.

Le Capitaine ; Trinkmann.

Le capitaine, reprenant la lecture de sa correspondance. — Ordre du général : « Vous devrez m'adresser par l'ordinaire prochain un catalogue complet des livres qui composent la bibliothèque de la capitainerie de Nyvapas, et vos propositions quant aux ouvrages à ajouter. Vous aurez soin de désigner avant tout ceux qui peuvent satisfaire plus spécialement aux besoins de la capitainerie de Nyvapas. Je vous préviens que j'ai déjà en dépôt à l'Arsenal de librairie les ouvrages suivants, dont je puis disposer en faveur de votre bibliothèque: *Réglement de séricicullure militaire*; *Règlement sur le service des places en temps de guerre et sur les moyens de l'appliquer en temps de paix*; *Règlement sur la viniculture militaire*; *Histoire de divers régiments*. Ces histoires font un volume par régiment, et peuvent être détachées. En conséquence, vous devrez désigner l'arme et le numéro dont l'histoire offrira le plus d'intérêt et d'instruction dans la capitainerie que vous commandez. » (A Trinkmann.) Il y a donc ici une bibliothèque communale? Où est-elle?

TRINKMANN. — La foila, mon gaptaine.

LE CAPITAINE. — Ah! cette planche, c'est la bibliothèque. Très-bien. Voyons ce qu'il y a. (Il monte sur une chaise et découvre une vingtaine de volumes.) Sergent, huit jours de consigne à l'homme chargé de balayer! Il y six mois au moins qu'on n'a touché à ces livres-là. Qu'est-ce que c'est que ça? *Les Codes*, édition Roret. Ah! celui-là me servira, maintenant que je suis maire et juge de paix. C'est égal; mon frère qui a fait son droit, serait, ici, bien mieux à son affaire que moi. Avec le régime d'à-présent, on devrait nous apprendre la procédure à l'école, ou bien, à la sortie nous envoyer à l'école d'application, chez l'avoué. Chien de métier! Voyons ces livres. *Règlement d'agriculture militaire. Seconde partie; Ecole du laboureur.* Qu'est-ce qu'il chante, celui-là? Ça doit être curieux. Il faudra donc que je fasse l'école du laboureur aux conscrits, après l'école du soldat. Lisons.

« Au commandement de: *laboureurs à vos pièces*, le laboureur vient se placer à un pas de l'extrémité de la charrue et à distance égale de ses deux manches, le petit doigt sur la couture de la culotte, les yeux portés à la hauteur de la corne des bœufs et dans la direction médiane entre les bœufs.

« Au commandement de: *prenez.... hue.* Le laboureur fait un pas en avant, il saisit vivement, en un temps et deux mouvements, les manches de la charrue à un décimètre de l'extrémité, et reste imimlobile.

« Au commandement de : *labou..... rez*, le laboureur incline le haut du corps en avant, soulève légérement la charrue, de manière à en porter le poids, et à ne laisser à vaincre à ses bœufs que la résistance opposée par le sol. Il marche à petits pas, en suivant la charrue.. . »

Quelle scie ! Grand Dieu ! Quelle scie que cette charrue ! Et l'on veut que je retienne et que j'enseigne ce règlement-là ! Passons à un autre. *Règlement du cuisinier militaire.* Cela doit être plus intéressant. Justement ! Voilà la *Théorie du pot au feu.*

« Au commandement de *cuisiniers à vos pièces*, le cuisinier part du pied gauche, vient se placer à un pas de sa marmite, les yeux fixés sur l'anse du couvercle et le petit doigt sur la couture de la culotte. » Et si le cuisinier est une cuisinière ? Enfoncé le réglement.

« Au commandement de *découvrez... mite*, le cuisinier fait un pas en avant, se penche sur la marmite, en saisit le couvercle entre le pouce et l'index de la main droite, l'enlève, se redresse et reprend la position naturelle, le jarret tendu, les yeux portés à quinze pas devant soi, le petit doigt sur la couture de la culotte et le bras droit, armé du couvercle, pendant naturellement le long de la cuisse.

« Au commandement de *versez... eau*, le cuisinier saisit... »

Ah ! j'en ai assez; j'en ai assez !

SCÈNE VI.

Les Mêmes; un Planton.

LE PLANTON.— Mon captaine, il y a-t-en bas une colone qui demande à monter.

LE CAPITAINE. — Priez-la d'entrer.

(Le planton sort.)

SCÈNE VII.

Les Mêmes; Mme Létonnée.

LE CAPITAINE. — Madame, veuillez prendre la peine de vous asseoir. A quoi dois-je l'honneur de votre visite ?

Mme LÉTONNÉE. — Capitaine, vous ne me reconnaissez pas ?

LE CAPITAINE. — Pardon, madame; j'ai eu le plaisir de vous marier, en ma qualité de maire, le lendemain de mon entrée en fonctions.

Mme LÉTONNÉE. — Ah ! capitaine, tous mes malheurs datent de ce jour-là.

LE CAPITAINE. — Comment donc, madame ? vous regretteriez d'être mariée ?

Mme LÉTONNÉE. — Non, capitaine, ce n'est pas moi, c'est mon mari. Il veut faire casser notre mariage; il prétend qu'il est nul, parce qu'il a été contracté sans publicité et à portes closes.

LE CAPITAINE. — Comment, madame, à portes closes ?

Mme LÉTONNÉE. — Hélas ! oui, capitaine. Ce n'est que trop vrai.

Le capitaine à Trinkmann. — Faites monter le caporal Consignac.

SCÈNE VIII.

Les Mêmes ; le Caporal Consignac.

Le capitaine. — Vous avez fermé les portes d'entrée lors du mariage de madame ?

Consignac. — Non, mon captaine. Je n'ai pas fermé les portes ; j'ai dit seulement au factionnaire de ne pas laisser entrer.

Le capitaine. — Qui vous a donné cet ordre ?

Consignac. — Mon captaine, ils étaient là un tas de civils, qui voulaient entrer. Eh donc ! que je dis, le capitaine est en affaires. On ne passe pas. — Mais, que l'un me dit, je suis le cousin de la mariée. —Mais, que l'autre me dit, je suis le parrain du marié ! — Connue, connue, la couleur. On ne se mêle pas des affaires de famille. Passez au large ! — Mais, j'ai le droit d'entrer. — Eh donc ! que je dis au factionnaire, veillez à la consigne. On n'entre pas. — Et voilà.

Le capitaine (à Consignac). — Sortez.

— Madame, je suis vraiment désolé. Ces imbéciles n'en font jamais d'autres ! mais permettez-moi de ne pas partager vos craintes. Une personne comme vous... Certainement, M. votre mari... a trop bon goût... pour vouloir...

Mme Létonnée. — Ah Monsieur !

Le capitaine. — Ah Madame !

Mme Létonnée. — Capitaine je compte sur vous, car enfin...

Le capitaine. —Oh ! Madame, en doutez-vous ? Une personne aussi distinguée...

Mme létonnée.—Capitaine je pars de chez vous toute rassurée... vous me rendez la vie. (Elle sort).

SCÈNE IX.

Le capitaine. (seul). — Au moins, avec les femmes, on s'en tire toujours avec des compliments. Mais voyez donc cette brute de Consignac ! Empêcher les gens d'entrer pendant que je marie ! Si cela allait amener un procès ? Chien de métier ! Il faudra bientôt que j'apprenne le droit, pour l'enseigner à mon portier.

SCÈNE X.

Le Capitaine ; le Sergent Culoté, instituteur militaire.

Culoté. — Mon captaine, je viens vous demander, pour mon école, des exemplaires de l'histoire du 1er de ligne.

Le capitaine. — Pourquoi faire ?

Culoté. — Pour la faire lire à la 1re, mon captaine. La 1re, elle lit déjà bien. Quand elle sera plus forte, je vous demanderai l'histoire du 2e de ligne, puis celle du 3e, et ainsi de suite, suivant les progrès de chacun, et l'ordre des numéros.

Le capitaine. — Vous n'aurez donc, dans l'école, pour livre de lecture, que l'histoire des régiments ? Qu'est-ce que liront les plus forts ? L'histoire du 100e de ligne ?

Culoté. — Pardon, mon captaine, j'espère aller jusqu'au 3e *Génie*.

Le capitaine. — Et les filles, que lisent-elles ? Car votre école est une école mixte.

Culoté. — Le même livre, mon captaine. Il faut que les personnes du sexe soient à la hauteur de ceux dont elles sont susceptibles de se marier avec, dans un temps consécutif.

Le capitaine. — C'est une idée. Et quelle est votre méthode d'enseignement? Je n'ai pas encore eu le temps de vous inspecter.

Culoté. — Mon captaine, c'est la méthode régimentaire. Avant d'être sergent instituteur, j'étais sergent instructeur ; c'est le même service, à peu près. Quand un élève entre à l'école de lecture, je lui mets en main l'*École du soldat.*

Le capitaine. — Et si c'est une fille ?

Culoté. — La même chose, *idem*, mon captaine. Et je suis, quant à la lecture, le réglement pour les feux d'infanterie.

Le capitaine. — Expliquez-moi cela.

Culoté, — Voila, mon captaine. D'abord un feu de tirailleurs, convenablement espacé Au commandement de : *Ouvrez le feu* ! ils lisent ainsi :

Le pe tit doigt sur la cou tu re de la cu lo te

Quand les tirailleurs se sont repliés, *feu de file* bien nourri :

LE PE TIT DOIGT SUR LA COU TU RE DE LA CU LO TE

Et enfin, le feu de bataillon :

LPTIDOISULACOUTURDLACULOTE.

C'est d'un bel effet, mon captaine. Et ils ne déchirent pas la toile, que je m'en flatte.

LE CAPITAINE. — C'est bien. Je songerai aux livres, et je visiterai votre école.

CULOTÉ. — Merci, mon capitaine. (Il sort.)

SCÈNE XI.

Le Capitaine seul.

LE CAPITAINE. — Quel crétin ! Et dire que peut-être il est dans le règlement. Je vérifierai le fait. (Il prend un journal et lit.)

« *Le Grenadier de l'Arabie*, journal militaire officiel. Avis du ministre de la Guerre : Un concours est ouvert et des prix seront donnés aux auteurs des meilleurs traités sur la *Pisciculture militaire en Arabie*.......... Les auteurs devront déterminer quelles sont les espèces de poisson qu'il conviendrait particulièrement d'acclimater dans les eaux des sables....... Il y aura trois prix : Prix de MM. les officiers ; prix des sous-officiers; prix des soldats et caporaux. »

Tiens, tiens ! Ils veulent donc faire de la colonisation, maintenant ? Eh bien ! nous coloniserons des poissons.. .... dans les sables. Quels crétins !

SCÈNE XII.

Le même ; un planton ; Mme Cotignac.

UN PLANTON. — Mon captaine il y a-t-une dame qui demande....

Mme COTIGNAC (entrant). — Et la voilà, mon cher capitaine. C'est moi.

(Le planton sort.)

SCÈNE XIII.

Les Mêmes.

Mme Cotignac. — Eh bien ! mon cher capitaine, comment vous trouvez-vous à Nyvapas ?

Le Capitaine. — Madame... j'y suis par ordre... je dois m'y trouver bien, par conséquent. Le pays est beau, les habitants, bonnes gens. Cependant, je vous l'avouerai, j'aimerais autant le régiment.

Mme Cotignac. — Comment donc, capitaine ? Mais vous êtes ici un vrai sultan ; mais vous vivez en maître absolu ; mais ici tout vous appartient, bêtes et gens. Seriez-vous donc mécontent de vos sujets.... ou de vos sujettes ? Oh ! capitaine ; vous ne connaissez pas votre bonheur !

(Elle chantonne) :

Ah ! vous avez des droits superbes
Ce sont les plus beaux....

A propos, capitaine, nous allons avoir des hôtes : un de nos parents, un jeune homme, mais déjà veuf, le malheureux ! qui vient en Arabie, avec un gamin de six ans, pour chasser son chagrin. Il va falloir le distraire, le consoler. Je compte sur vous, capitaine.

Le Capitaine. — Le consoler ! madame, et.... de la perte de sa femme ! Il me semble que c'est plutôt dans votre rôle. Après vous, madame, que me resterait-il à faire ?

Mme Cotignac. — Charmant ! Charmant !!! Mais parlons raison. Vous m'aiderez, n'est-ce pas ? Vous me fournirez des chevaux, des escortes. Vous savez, le burnous rouge, cela flatte les Roumis

Le Capitaine. — Madame, je ne sais si je pourrai…

Mme Cotignac. — Oui, c'est décidé ; je compte sur vous. Ce sera charmant. — Il n'y a qu'un ennui dans tout cela.

Le Capitaine. — Quel est cet ennui, madame ?

Mme Cotignac. — C'est mon mari.

Le Capitaine. — Oh alors ! madame, je ne dis plus rien. Entre l'arbre et l'écorce, il ne faut pas…

Mme Cotignac. — C'est que… vous ne connaissez pas Cotignac; quand il était au régiment, savez-vous comment on le nommait ? Lieutenant Cotignac ou père Grognon, c'était tout un : il répondait également à ces deux noms. Il gronde sans fin, comme le vent d'automne. Et d'une injustice ! Faites bien, faites mal .. toujours la même chose, toujours M. Grognon. J'ai essayé de le faire enrager…, mais enrager… à fond de train. Eh bien ! Je ne suis pas parvenue à le rendre plus désagréable que quand j'étais gentille pour lui C'est le médecin Tant-Pis ; c'est M. Trouble-Fête. Avec lui, plus de joie, plus de plaisir. Vous allez m'en débarrasser, n'est-ce pas capitaine ? Car enfin, je ne puis pas l'imposer à mes hôtes, et il faut bien que je fasse à un étranger les honneurs de mon pays.

Le Capitaine. — Vraiment désolé, madame. Malgré ce pouvoir de sultan, dont vous m'avez gratifié, je ne puis pourtant pas prononcer le divorce. Dans un cercle voisin, on l'a bien fait quelquefois, mais cela n'a pas voulu tenir. Pourquoi aussi n'avez-vous pas été vous établir dans le cercle de Bouffouno ? Le chef du cercle y célébrait des mariages *à l'essai*. Vous auriez pu faire une expérience, avant de conclure pour de bon.

Mme Cotignac. — Et je m'en serais tenue là, capitaine, croyez-le bien. Mais ce n'est pas un divorce que je vous demande. Débarrassez-moi de mon mari, je vous en prie, quand ce ne serait que pour huit jours : cela me suffira. Mettez-le huit jours en prison : votre prédécesseur m'a rendu ce service plus d'une fois,

Le Capitaine. — En prison, madame ? Et pour quel motif ?

Mme Cotignac. — Le premier venu. Causez avec lui : il grognera. Faites lui en des reproches : il regrognera. Fachez-vous : il grognera plus fort. Alors vous me le condamnez à huit jours de prison, pour insubordination dans le service.

Le Capitaine. — Mais il n'est plus au service, et une conversation avec moi n'est pas un fait de service.

Mme Cotignac. — Vraiment si ! capitaine ! croyez-moi ; je suis plus ancienne que vous en Arabie. Ici tout est affaire de service ; nous sommes tous et toutes au service, toujours de service... et à votre service, capitaine. — Ainsi, c'est décidé ; je compte sur vous. (Elle sort).

SCÈNE XIV.

Le Capitaine seul.

En voilà une vieille folle ! Où diable ce pauvre Cotignac a-t-il ramassé ce vieux coing-là ? Oui, qu'elle y compte. Je lui flanquerais ce pauvre diable en prison pour les beaux yeux de son cousin ! Cela ne se fait que trop, ces choses là ; je le sais bien ; mais moi, jamais ! (Il reprend la lecture de la correspondance) : *Circulaire confidentielle* : oh ! oh !

« Les commandants de cercles devront se pénétrer de cette idée que la société civile n'ayant été créée que pour nourrir et recruter l'armée, clé de voute de l'édifice social et la plus haute expression d'une civilisation avancée, ils doivent avant tout chercher les moyens de préparer un recrutement convenable, en sujets remplissant les conditions physiques de rigueur dans chaque arme. En conséquence, ils classeront tous les civils de leur cercle, suivant leurs aptitudes physiques, dans les catégories suivantes : fantassins civils, cavaliers civils, armes spéciales civiles. Ils feront ensuite, pour les filles à marier, un classement semblable, de manière à ce qu'à la seule inspection du tableau, on voie si telle fille est de taille à épouser un voltigeur, un dragon, un artilleur ou un soldat du train. La législation en vigueur ne fournissant pas encore, par malheur, de moyens coercitifs, pour empêcher une voltigeuse civile d'épouser un artilleur civil, ou pour contraindre un dragon civil à ne prendre femme que parmi les dragones, les chefs de cercle devront provisoirement se borner à la persuasion et à l'autorité administrative de leur parole, pour favoriser les mariages qui promettent à l'armée un recrutement convenable, et pour entraver ceux qui seraient contraires au principe de la spécialité dans le service. »

C'est cela. Le système se complète, peu à peu. La pisciculture militaire! le mariage au point de vue du recrutement des armes spéciales! Eh bien, il est joli le métier qu'on veut me faire faire!

SCÈNE XV.

Le Capitaine; Trinkmann.

TRINKMANN. — Mon gaptaine, c'est aujourd'hui l'autience te la chustice te baix. Les blaideurs sont en pas, qui attendent fos ortres.

LE CAPITAINE. — Faites les entrer (Trinkman sort).

SCÈNE XVI.

Le Capitaine; Trinkmann; Jean Petit; Chicaneau.

LE CAPITAINE. — Messieurs, vos noms.

JEAN PETIT. — Jean Petit, colon.

CHICANEAU. — Isidore Chicaneau, avocat, défenseur de Martin Lageingolle.

LE CAPITAINE (à Trinkmann). — Ecrivez les noms.

TRINKMANN. — Oui, mon gaptaine. (écrivant) Chambêti; Isitore Chigano; Martin Machincholle. C'est fait, mon gaptaine.

LE CAPITAINE. — Monsieur, exposez votre demande.

JEAN PETIT. — J'ai acheté à Lageingolle un troupeau de moutons. Il m'en avait fait un éloge...,. mais un éloge! Ses moutons se portaient, disait-il, comme le Pont-Neuf. Mais voilà-t-il pas que le surlendemain, la clavelée s'y met, et il m'en meurt un bon tiers. Et puis après, la pourriture. Enfin, mon capitaine, de 45 moutons achetés, il m'en reste sept vivants. Je me trouve volé. Ces moutons étaient malades, évidemment. Que Lageingolle m'en rende le prix, ou du moins, qu'il le diminue. Voila ma demande.

Le Capitaine (à Chicaneau). — Qu'avez-vous à répondre.

Chicaneau. — Mon capitaine,l'une des deux demandes présentées n'est pas recevable, l'action *quanti minoris* étant proscrite quant aux ventes d'animaux domestiques.

Le Capitaine (stupéfait). — L'action *quanti minoris*!!!

Chicaneau. — Oui, mon capitaine ; par l'article 1er de la loi du 22 mai 1838.

Le Capitaine (à part). — Du diable si je m'en serais douté. L'action *quanti minoris*! Qu'est ce que c'est que ça, grand Dieu ?

Chicaneau. — Quant à l'action rédhibitoire, vous la repousserez avec justice. D'abord, nous nions énergiquement qu'il y ait eu amondat. Qu'on nous prouve l'amondat ! Nous vous mettons au défi de prouver l'amondat.

Le Capitaine. — L'amondat ?

Chicaneau. — Oui, mon capitaine, l'amondat ! Vous repousserez aussi la demande, en tant qu'elle est fondée sur une prétendue cachexie.

Le Capitaine (à part). — La cachexie !

Chicaneau. — Et quand il y aurait cachexie, qu'on nous prouve qu'elle remonte à l'époque de la vente ! Qu'on nous prouve que l'acheteur ne l'a pas connue ! Qu'on nous prouve que le vice n'est pas imputable à l'in-soin de l'acheteur ! Et au lieu de nous reprocher ces jactances banales, à l'aide desquelles le marchand recommande sa marchandise pour arriver à une conclusion expresse, qu'on réponde à une objection qui va mettre à néant la demande de notre acheteur.

Le Capitaine. — Voyons cette objection.

Chicaneau. — La voilà. Si l'action redhibitoire était admise par le tribunal, nous devrions, en remboursant le prix de vente, rentrer dans la chose vendue.

Le capitaine, — Eh bien?

Chicaneau. — Or, nous avons vendu à Jean Petit des moutons vivants, et il nous offre de rentrer dans des moutons morts.... Rentrer dans des moutons morts ! — O temps ! ô mœurs ! ô proposition insensée ! Mais la haute raison du tribunal repoussera, nous en sommes certains, ces prétentions odieuses. J'ai dit !

Le capitaine (à part). — Si j'y comprends un mot ! *Quanti minoris* ! *cachexie* ! *amondat* !... Ah bah ! Peut-être que la semaine prochaine, j'y verrai plus clair. (Aux plaideurs) : Remis à huitaine pour le prononcé du jugement. (Ils sortent).

SCÈNE XVII.

Le Capitaine, un planton.

Le planton. — Mon captaine, on signale en plaine

le commandant Renardo. Il arrive au galop avec son escorte.

Le capitaine.— Allez l'attendre. Vous l'introduirez ici.

(Le planton sort.)

SCÈNE XVIII.

Le Capitaine seul.

Le capitaine. — Le commandant Renardo, chef du cercle de Grapilleville. Un homme intelligent, bien élevé, aimable... mais, avec tout cela, un homme qui ne me va pas: je ne sais pourquoi. Il n'est pas du bois dont on fait les amis,... et même les camarades. (Il va à la fenêtre.) Le voilà qui arrive. Oh les beaux chevaux ! Peste! quel luxe,quelle suite! Cependant on dit que le commandant Renardo ne mange pas sa fortune au service.

SCÈNE XIX.

Le capitaine Renardo.

Renardo. — Mon cher capitaine, j'avais une longue traite à faire aujourd'hui; je l'ai allongée, pour vous serrer la main en passant. Eh bien ! comment vous trouvez-vous ici ? Satisfait de la position, je l'espère ?

Le capitaine. — Pas trop, mon commandant. Le métier ne me va guère, ou bien je ne vais pas au métier.

Renardo.—Mon cher,vous y prendrez goût, croyez-moi. Le pouvoir absolu a son charme Savez-vous que nous sommes ici de petits rois? D'un mot de sa main, le ministre peut nous détrôner, c'est vrai; mais, en attendant, nous règnons, sans chambres, sans journaux, sans cours de justice, et avec le budget que nous voulons. Cela ne manque pas d'agrément, vous sentez.

Le capitaine. — Jusqu'ici, l'agrément est absent... par congé. Espérons qu'il viendra.

Renardo.— N'en doutez pas. A propos, il nous arrive une affaire fort désagréable.

Le capitaine. — Laquelle, mon capitaine?

Renardo. — Mon cher, un de vos Espagnols est venu se faire tuer sur mon territoire. J'ai su son nom et son domicile par ses papiers, que voici. Heureusement, dans mon cercle, personne ne sait lire, que moi. Ainsi en nous entendant, nous pouvons arranger l'affaire.

Le capitaine.— Comment cela, mon commandant? Et pourquoi? Il me semble...

Renardo. — Ces choses-là, voyez-vous, jettent un mauvais jour sur notre administration. N'en parlons pas, et laissez-moi faire... Je me charge de pincer les coupables, et rudement, sans qu'il y paraisse; j'ai mes moyens pour cela. Quant à votre homme, si vous voulez, il ne sera pas mort; il sera... absent. On dira qu'il fait du commerce quelque part, ou qu'il vagabonde, ou qu'il fuit sa femme... enfin, ce que vous jugerez convenable. Le général n'y verra que du feu, et il nous laissera tranquilles.

Le capitaine.— Mais, mon commandant, le sang de cet homme...

Renardo. — Il sera vengé, comptez sur moi; nous

y avons intérêt. Mais sans bruit ! il le faut. Après tout, il y en a bien d'autres que nous avons vu disparaître. « Et puis, que diable allait-il faire là ! déranger ces gens, altérer leurs mœurs, leurs coutumes. Il n'a que ce qu'il mérite. » Enfin, je laisse l'affaire entre vos mains. Réfléchissez, et si, comme je l'espère, vous arrêtez les frais, je ne souffle mot. — Et que faites vous dans votre royaume, mon cher ?

Le Capitaine. — Pas grand chose jusqu'ici. J'étudie le pays. Je vais m'occuper des écoles, des routes, de l'agriculture.

Renardo. — L'école... c'est bon pour nous, qui en sortons. Mais pourvu que nos sous-officiers sachent un peu lire, écrire et compter, cela suffit pour le service, et nous restons toujours les premiers. Quant aux routes, prenez-y garde. Elles feront la fortune de vos sujets et les rendront plus forts que les miens, qui sont les bons, vous savez, mon cher, et qui diminuent tous les jours. Tâchez de ne pas trop faire grandir les vôtres : ils sortiraient bien vite de vos mains. Entravez leur développement, tandis que je maintiendrai les miens dans le *statu quo*; voilà le fin fond de notre politique. Avec cela, nous serons les maîtres à perpétuité. Et que faites-vous donc en agriculture ?

Le Capitaine. — Je pousse au défrichement. Je fais planter du tabac, des vignes; je vais m'occuper de la construction de pressoirs modèles. Et à ce propos, mon commandant, j'ai une chose à vous demander. Si vous vouliez introduire dans votre territoire la culture de la vigne ? Vos gens mangeraient du raisin frais et sec, et l'excédant du produit ils le vendraient aux miens, qui en feraient du vin. Ce serait pour les vôtres de l'argent tout trouvé, et pour les miens, du travail et du bénéfice.

Renardo. — Oh ! Quant à cela, mon cher, il n'y a pas de danger ; je m'y oppose. « Surtout n'allez pas fourrer cette idée là dans la tête de mon chef, quand vous le verrez ! N'oubliez pas que nous sommes les conservateurs quand même de la civilisation arabe. « Nous avons intérêt à ce qu'elle subsiste dans sa forme actuelle — et tranchons le mot — sans progrès, pour que ce soit toujours nous.... oui, mon cher.... nous seuls. qui la gouvernions à perpétuité. Eh bien ! le contact avec vos hommes détruirait peu à peu chez les miens leurs mœurs, leurs coutumes, dont nous profitons, vous et moi. Il faut donc l'empêcher..... Ce que je vons dis vous étonne ? C'est que vous êtes jeune en Arabie.... encore un peu Roumi, mon cher. Ça passera ; vous y viendrez, comme moi.

Le capitaine. — Oui, mon commandant ; je suis jeune ; mais si je manque d'expériance, j'ai en moi la tradition. Mon père était de ceux qui ont conquis l'Arabie, et ce n'est pas pour un pareil but que mon père a versé son sang.

Renardo. — Ainsi va le monde, mon cher. Ils ont conquis l'Arabie, et nous, nous vivons de leur conquête. Chacun son rôle. .. et son tour. Mais il faut que je vous quitte. Songez à tout cela ; je prévois que nous nous entendrons. Au revoir, mon cher.

SCÈNE XX.

Le Capitaine seul.

LE CAPITAINE. — Nous entendre?... Oh! non, jamais! Et cependant, qui peut répondre de soi? Je deviendrais peut-être comme lui... Je ne m'y exposerai pas. (Il s'approche de la table, et écrit une lettre.) Sergent Trinkmann!

SCÈNE XXI.

Le Capitaine; Trinkmann.

TRINKMANN. — Brésent, mon gaptaine!

LE CAPITAINE. — Faites monter un homme à cheval. Qu'il porte cette lettre à Vatenvite, et qu'il la remette au colonel commandant, en mains propres.

TRINKMANN.— Oui, mon gaptaine. (Il sort.)

SCÈNE XXII.

Le Capitaine seul.

LE CAPITAINE. — J'espère bien que le ministre m'accordera ma rentrée au régiment. Quel soulagement alors! Ne plus sortir de son métier, pour en faire un autre dont on ne sait pas le premier mot; n'avoir affaire qu'à de braves camarades, le cœur ouvert, l'âme loyale; échapper aux tentations, à la corruption du pouvoir absolu: ah! rien que d'y penser, je me sens déjà revivre.

Alger. — Imp. A. Molot et Cie, rue de l'Etat-Major, 3.

www.ingramcontent.com/pod-product-compliance
Lightning Source LLC
LaVergne TN
LVHW052021160826
845678LV00003B/1144

* 9 7 8 2 3 2 9 6 4 5 1 8 6 *